A PROPOS

DU

CENTENAIRE DE LA NAISSANCE

D'UN

MAITRE VÉNÉRÉ

SON DISCIPLE

Dr G. AUDIFFRENT

PARIS
PAUL RITTI, ÉDITEUR
76, Avenue du Maine, 76
—
1898

A PROPOS DU CENTENAIRE

DE LA

NAISSANCE D'UN MAITRE VÉNÉRÉ

Mon vénéré Maître,

On célèbre aujourd'hui le centenaire de votre naissance. Le disciple, qui a tant reçu de vous, s'associe à cette célébration avec un sentiment de reconnaissance, dont il est profondément pénétré. Dans toutes les situations difficiles de sa vie, comme au milieu des joies qu'il a éprouvées, c'est votre impérissable image qui fut toujours présente à sa pensée. Ses premiers souvenirs datent de cette école où vous remplissiez de bien modestes fonctions. Sous la gravité du philosophe, dont la voix même imposait le respect, il lui fut facile de voir l'homme bienveillant, plein d'indulgence pour cette jeunesse frivole, qu'il était chargé d'examiner. Plus tard, au retour d'un voyage, long et plein de déceptions, il vous retrouvait dans ce troisième arrondissement, illustré par votre enseignement, entouré d'un public attentif, dont vous vous efforciez d'éclairer l'esprit et d'échauffer le cœur. On y sentait vibrer toutes les fibres de votre âme. Admis plus tard dans votre société, où se sont écoulées les plus mémorables années de sa vie, c'est sur un lit de mort qu'il vous voyait pour la dernière fois. Pouvait-il croire, lorsque plein de confiance dans l'issue de la maladie, dont vous étiez frappé, lorsque vous cherchiez à nous rassurer, que vous nous seriez sitôt enlevé, que ce puissant cœur allait bientôt cesser de battre.

C'est sous les images propres à ces diverses situations, Maître vénéré, que vous vous présentez chaque jour à l'humble disciple, que, dans une précieuse correspondance, vous avez dit, être chéri entre tous.

Lorsque sur votre invitation j'allais à Montpellier, m'initier, suivant vos conseils, à la vieille médecine, qui y avait encore son foyer, j'employais les loisirs que me laissait l'étude à recueillir bien des particularités relatives à votre jeune âge, aux premiers maîtres que vous eûtes, qui tous avaient déjà reconnu sous votre précocité le sujet destiné à un grand avenir. Que de fois, de cette belle promenade, dont votre ville natale est justement fière, j'ai porté mes pas vers cette humble demeure où vous avez reçu le jour. Le presbytère de l'église de la Merci est aujourd'hui étonné de l'affluence des visiteurs. C'est le 10 janvier, en l'an 1798, que vous y êtes né. C'est d'une sainte femme que vous vîntes au monde. Les souvenirs de bonté qu'elle a laissés dans cette ville, désormais illustre entre toutes, étaient vivaces pendant le séjour que j'y ai fait. De bien précieux souvenirs furent recueillis, au sein de votre famille où j'eus l'honneur d'être reçu, de la bouche de votre vieux père et d'une sœur remarquable par son intelligence. A votre sainte mère, vénéré Maître, vous alliez dédier les volumes destinés à couronner votre immortelle œuvre, lorsque la mort est venue vous frapper. Nous sommes surtout enfants de nos mères, m'avez-vous dit ; cette croyance basée sur de nombreux faits, trouve ici sa confirmation.

Vous fûtes admis dans la principale école scientifique du temps, à un âge où d'autres commencent leurs études. Votre exceptionnelle intelligence, l'énergie précoce de votre caractère, et l'élévation de vos sentiments furent bientôt remarqués par vos camarades sur lesquels vous avez exercé une légitime influence. Vos professeurs vous tinrent toujours dans leur plus haute estime. Le licenciement de l'école vous priva de la haute position officielle à laquelle votre rang vous donnait droit. Laissé sur le pavé de Paris, sans ressources, ne recevant rien de votre famille, c'est à l'enseignement privé que vous avez demandé vos moyens d'existence.

Nourri des grandes traditions du dix-huitième siècle, vous avez bien vite compris que vous aviez devant vous toute une société en pleine décomposition, à qui il fallait de nouveaux moyens de direction. C'est à la science s'élevant, sous votre inspiration, jusqu'aux phénomènes sociaux et moraux que vous les avez demandés. Dans un mémorable cours, ouvert à cet effet, vous eutes pour auditeurs les hommes les plus illustres du monde savant. C'est au milieu d'une exposition sans antécédents que vous futes frappé de la terrible maladie qui faillit priver l'Humanité de son plus grand serviteur. Un funeste entraînement de jeunesse vous avait associé à un être déchu, que, dans la générosité de votre cœur et les illusions de votre temps, vous avez cru pouvoir relever. Une cruelle expérience où vous faillites laisser votre raison, vous prouva que ce n'est qu'exceptionnellement qu'on relève ce qui est si bas tombé. Ce n'était pas une Madeleine que vous aviez auprès de vous.

Que la postérité le sache bien, c'est au milieu des plus intimes souffrances domestiques que vous avez poursuivi, vénéré Maître, la haute mission que vous vous étiez assignée dès vos premiers pas dans la vie. C'est dans ces conditions que fut écrite votre œuvre fondamentale.

Introduit par un éminent patron, qui devait vous être bientôt ravi, dans l'école d'où vous étiez sorti, le cours, que vous fûtes appelé à y faire, montra à tous vos aptitudes à l'enseignement. Ce cours fut assez remarqué par l'éminent physicien, directeur alors des études, pour qu'il vous appelât au poste d'examinateur à l'admission. Dans ces nouvelles fonctions vous avez voulu régénérer l'enseignement mathématique, tombé déjà bien bas. Le monde savant ne vous en sut aucun gré ; vous n'y trouvâtes au contraire que des adversaires. Ce n'était plus les auditeurs de vos premiers cours qui y régnaient. Le niveau scientifique avait partout baissé. L'académie des sciences, disons-nous, était devenue une officine où l'on n'aspirait déjà qu'à s'assurer de bonnes prébendes. Quel accueil pouvait vous être fait dans un pareil milieu ; que de susceptibilités vous dutes y blesser ? Vos puissants patrons, les Fourier, les Dulong, les Blainville, les Poinsot, furent impuissants à contenir les haines que votre enseignement, que votre œuvre fondamentale avaient déchainées contre vous. Un homme, qui personnifiait alors l'opposition académique, alla jusqu'à vous contester tous titres mathématiques, grands ou petits, et jura de vous réduire par la faim. Un mémorable procès dévoila toutes ses turpitudes. Malgré la haute protection et les protestations de votre chef immédiat, M. le Maréchal Soult, alors ministre de la guerre, vous futes exclu du monde polytechnique, qui en tout autre temps se serait trouvé honoré de vous posséder. A l'âge où l'on ne recommence plus sa carrière, vous avez été réduit à demander à l'enseignement libre vos moyens d'existence. Dans cette cruelle épreuve on n'oubliera pas que vous futes soutenu par de généreux Anglais. Quoique votre mission sociale fût nettement accusée, ils ne virent cependant en vous que le philosophe. Le novateur religieux resta pour eux méconnu.

Sur les assises d'un ordre nouveau, qu'avait posées votre œuvre fondamentale, il fallait un édifice. L'ère de la spéculation était close ; par la fondation de la sociologie le mouvement scientifique avait atteint son terme extrême ; les grandes lois qui fixent la marche de l'esprit humain étaient, en effet, dévoilées ; c'était le moment d'instituer pour ce monde en défaillance une nouvelle direction répondant aux exigences à la fois de l'esprit et du cœur.

Cet austère philosophe, votre disciple ose le dire, était l'homme le plus tendre. Nulle femme ne l'eut méconnu. Une sainte affection vint réchauffer votre cœur avide d'émotions. Elle vous associa à celle qui devait donner une nouvelle impulsion à votre existence. Une communauté d'infortunes présida à votre union à celle dont la mort même ne put vous séparer. A elle vous avez dédié la grande œuvre qui du philosophe faisait un novateur religieux. C'est sous sa sainte inspiration que fut inaugurée votre seconde vie. Emule des plus grands novateurs, de Saint-Paul, de Mahomet, vous futes ainsi poussé, à fonder la religion de l'avenir. L'Humanité, glorifiée par vous, vous apparut sous les traits de votre sainte compagne, devenue votre collaboratrice. Aux âmes aimantes, aux cœurs inoccupés vous avez donné l'espérance en des jours meilleurs. C'est la sentimentalité humaine que vous avez ramenée, après cinq siècles d'anarchie et de controverses desséchantes, aux traditions d'amour et de foi de nos meilleurs aïeux. Mais à votre immortelle création il fallait un couronnement. Telle devait être l'objet de la dernière œuvre que la mort a laissée inachevée. Une solennelle introduction à l'unique volume que vous nous en avez donné nous montre toute l'étendue de l'irréparable perte que nous avons faite. Vainement on tenterait d'y suppléer. Aussi puissant qu'Aristote, aussi tendre que Saint-Paul, vous y avez combiné ce qui paraissait être à tous inconciliable. Vous nous avez ramené à la sentimentalité primitive et fixé définitivement la mentalité humaine, restée fluctuante depuis l'avènement des dieux. Détourné de son office normal, le cœur reprend enfin sa prépondérance sur l'esprit, qu'assure désormais l'incorporation du fétichisme au positivisme. La philosophie et la science ont vainement tenté, dites-vous, d'instituer une synthèse objective, en cherchant un principe assez général pour en faire découler tous les autres. La plus importante tentative de cette nature, nous avez-vous fait observer, fut celle de Descartes, et son insuccès devait montrer l'inanité des efforts dirigés dans ce sens. Les savants contemporains ne l'ont pas reconnu. Vous étiez donc pleinement autorisé à proclamer, Maître vénéré, que toute synthèse doit être désormais subjective. En conférant la vie à l'universalité des êtres, le fétichisme consacra la première synthèse d'une telle nature. Elle méconnaissait sans doute la réalité, ne serait-ce qu'en confondant l'activité et la vie. Celle que vous instituez aujourd'hui, sans la méconnaître, laisse comme la première la prépondérance au sentiment. C'est à lui que vous avez demandé le lien qui doit tenir rapprochés tous les éléments du savoir humain. Elevée sur ce lien commun, la nouvelle synthèse peut se prêter désormais à l'institution des lois, tant objectives que subjectives, en entretenant en nous les dispositions les plus sympathiques, toujours si favorables au travail de la pensée. Si l'incorporation du fétichisme au positivisme était nécessaire à l'institution de la nouvelle synthèse, vous nous avez montré ce qu'elle réclamait encore pour embrasser à la fois la science abstraite et la science concrète. Une conception de votre adolescence trouvait ici son application. Elle ne fut point comprise du Maître éminent auquel vous l'aviez communiquée alors.

L'Espace, dont l'institution, essentiellement subjective, se perd dans la nuit des temps, retient les empreintes des corps. La subjectivité de ce Grand Milieu vous a conduit à lui conférer aussi la propriété de retenir également tous les autres attributs de la matière, tels les sons, les odeurs, les saveurs, la chaleur, l'électricité, la lumière. Les évènements dont se constitue la science abstraite y reçoivent ainsi un siège. En nous laissant aller aux dispositions fétichiques inhérentes à notre nature, on ne saurait alors nous empêcher de conférer à l'Espace la bonté. N'est-ce pas lui qui conserve pour nous les rendre, quand nous les lui réclamons, tous les résultats de nos observations.

C'est le sourire sur les lèvres qu'on a d'abord accueilli, vénéré Maître, le rôle que vous avez attribué à l'Espace, à ce grand milieu. On n'a vu, en général, dans cette institution qu'une vue presque puérile de l'esprit. D'autres plus respectueux en ont trouvé la raison dans nos exigences sentimentales, auxquelles la nouvelle synthèse était tenue de répondre. Si l'entendement humain est déjà affranchi de toute intervention surnaturelle dans les affaires terrestres, nos dispositions fétichiques ne reparaissent pas moins dans tous les actes spontanés de la vie. Ce sont ces dispositions qui nous attachent aux objets inanimés ou animés au milieu desquels nous vivons. Leur éloignement, ou leur perte, constitue souvent pour nous un véritable malaise, poussé parfois jusqu'à la maladie, ainsi qu'on le constate dans les cas de nostalgie. Une synthèse qui doit répondre à toutes les exigences du cœur pouvait-elle ne pas en tenir compte?

L'Espace va devenir le premier terme d'une grande trilogie, et la Terre, que nous habitons, à laquelle nous confions notre dépouille dernière, d'où nous sortons, le second. La nouvelle synthèse lui accorde également le sentiment. Elle lui reconnait l'activité qui en est d'ailleurs inséparable. La Terre devient ainsi le Grand-Fétiche ; c'est le siège du Grand-Etre, de l'Humanité à qui appartiennent tous les attributs humains, sentiment, activité, intelligence. Le Grand-Milieu, le Grand Fétiche, le Grand-Etre se trouvent rapprochés, ainsi, par un attribut commun, quoique à des degrès différents, le sentiment. Voilà la grande synthèse qui se substitue à toutes celles qui l'ont précédée, dans nos conceptions, tant théologiques que métaphysiques ou scientifiques. C'est une grande intelligence au service d'un grand cœur qui s'élève ici à cette institution finale, où la subjectivité positive plane sur la froide objectivité, sans en méconnaître toutefois les rigoureuses exigences.

L'adoration devient complète lorsque entre le Grand-Milieu et le Grand-Fétiche on place nos deux enveloppes fluides, l'Air et l'Eau. Elles ont été l'objet d'un culte dans toutes les anciennes théogonies. Entre la Terre et l'Humanité viendront également se placer les végétaux et les animaux. Ainsi sera constituée une vaste échelle en sept degrès des êtres et des phénomènes, où l'esprit et le cœur trouveront des objets et des sujets de contemplation et d'adoration. « Une inaltérable harmonie, dites-vous, ô vénéré Maître, doit respectivement lier le Grand-Milieu, le Grand-Fétiche et le Grand-Etre, avec les signes, les images et les sentiments, intellectuellement aptes à déduire, induire et construire. Alors surgit l'institution finale de la véritable science, nécessairement composée de trois parties, où l'esprit théorique apprécie successivement l'Espace, la Terre et l'Humanité. ». Telle est la constitution de la hiérarchie abstraite qui découle de la nouvelle synthèse. Elle se condense ainsi en trois termes auxquels conviennent désormais les qualifications, de *logique*, *de physique et de morale*, par une contraction d'abord des trois éléments de la philosophie inorganique puis des trois domaines organiques. En qualifiant de *logique* la science fondamentale, vous avez voulu, vénéré Maître, réduire, dites-vous, à sa juste valeur, la suprématie que lui accorda l'orgueil déductif, en l'affectant à la méthode. Dans ce premier domaine la simplicité des phénomènes permet de dégager de la doctrine même les grandes lois déductives, et souvent inductives, qui doivent présider à l'initiation encyclopédique. Quoique à un moindre degré, les termes successifs de cette hiérarchie peuvent aussi recevoir une pareille destination. C'est ainsi que se trouve consacré ce que le bon sens a de tout temps reconnu, qu'on n'apprend à raisonner qu'en raisonnant. Telle est la dignité à laquelle vous avez élevé désormais, vénéré Maître, l'enseignement scientifique.

Un seul volume a paru, de la grande œuvre qui devait couronner votre noble carrière ; c'est le traité de philosophie mathématique. La science du *nombre, de l'étendue et du mouvement* s'y présente avec sa constitution finale, telle qu'elle sera enseignée dans les temples de l'Humanité, aux générations futures. C'est à votre premier maître, au Lycée de Montpellier, que ce volume fut dédié, reconnaissant hommage rendu à un penseur inconnu qui vivra ainsi dans votre œuvre. Si l'on peut donner à l'ensemble du mouvement mathématique propre à l'ère moderne pour représentants les trois grandes figures de Descartes, de Leibnitz, de Lagrange, vous en êtes à juste titre le législateur.

Vous alliez mettre la main, vénéré Maître, au volume où allait se condenser la science de l'homme, sous le titre de Morale théorique, lorsque la mort est venue vous frapper. L'hommage en était dû à votre sainte mère. En arrêtant la pensée sur cette irréparable perte, comment ne pas rappeler les tourments, les angoisses auxquels furent condamnés ceux qui vous entouraient, toujours partagés pendant la cruelle maladie entre l'espérance et la crainte. Vous vouliez vivre et vous comptiez jusqu'au dernier moment sur *la grâce de votre constitution*. Elle était hélas ! épuisée. La médecine s'est montrée ici, comme en bien d'autres cas, bien impuissante. La chirurgie contemporaine eut été peut-être plus heureuse qu'elle. Mais qui eut osé soumettre à ses audacieuses pratiques une si précieuse existence.

Au milieu d'une santé florissante, à un âge où de nombreuses années vous semblaient encore réservées, vous fûtes frappé d'un coup inattendu. C'est de la main d'un élève que vous aviez pris plaisir, pour ainsi dire, à former, qu'il fut reçu, venant de l'entourage même d'un homme que vous aviez élevé au dessus de sa valeur. C'est cet homme que vous auriez préféré, disiez-vous, avoir plutôt pour ennemi que pour ami. Au trouble cérébral qui résulta de cette atteinte succéda bientôt une hémorrhagie intestinale ; l'ictère qui l'accompagna et l'ascite consécutive n'indiquaient que trop la congestion profonde. L'énergie de votre caractère eut bien vite rétabli l'unité cérébrale, si violemment troublée ; mais elle n'avait pu triompher de l'obstacle apporté à la circulation interne. Vous comptiez, non sans raison, sur une crise (la médecine contemporaine ne croit plus aux crises) pour dissiper la congestion intestinale ; la crise survint, terrible et prévue ; mais ce fut pour vous emporter. Vous mourrez jeune et méprisé, avez-vous écrit à l'instrument d'une basse vengeance. Vos prédictions se sont réalisées : frappé du mépris de tous, la mort morale s'est abattue sur lui et l'a effacé du nombre des vivants.

C'est sous l'image douloureuse des derniers jours que vous voit encore votre disciple aimé, dans ses méditations quotidiennes. Les longs épanchements dont vous daigniez l'honorer sont restés fidèlement dans sa mémoire. Confiant encore dans la guérison, votre grande âme était toujours pleine de sa mission. C'est sur les évènements contemporains que roulaient souvent nos conversations. Convaincu que les principaux obstacles, que rencontrerait la propagande de votre doctrine, lui viendraient de la confusion entretenue encore entre le temporel et le spirituel, qui s'accusait par l'intrusion de l'état dans tout ce qui ne saurait être de sa compétence, vous aviez projeté un appel aux Ignaciens, que vous supposiez régénérés. Vous leur auriez montré les avantages qui eussent résulté pour leur compagnie de la dénonciation du Concordat, dont vous les invitiez à prendre l'initiative. Laissant au pontife romain les soins de sa principauté temporelle, disiez-vous, ils se seraient trouvés investis, par le fait, de la direction catholique, qu'ils exercent depuis plus de trois siècles. Une semblable initiative de leur part eut infailliblement entraîné la suppression des deux budgets académique et universitaire, de ces deux foyers de la fausse science et du sophisme. Ainsi se serait trouvée constituée la vraie liberté, la liberté spirituelle. Mais il fallait pour la réalisation d'un tel projet une tête à la célèbre compagnie.

Vous vous plaisiez aussi à m'entretenir du volume que vous vous proposiez d'écrire l'année suivante et principalement de votre théorie cérébrale qui réclamait certain complément. Le chapitre moyen, relatif à la santé et à la maladie, semblait vous préoccuper plus spécialement. Ayant formulé pour moi, au début de mon apprentissage médical, la théorie de la maladie, vous voulutes bien me charger d'y apporter certains développements, surtout en ce qui concerne la pathologie cérébrale. Puis-je oublier la sentence si décisive que vous avez portée sur l'exercice de la médecine. Réduite, me dites-vous, à procéder par des moyens généraux en des cas spéciaux, la médecine se trouve par cela même frappée d'un vice logique. Il est des médecins devenus positivistes, me disiez-vous, il est des positivistes devenus médecins, serez vous le premier médecin positiviste? Il fallait pour cela rendre au cerveau sa prépondérance sur le corps et ne point séparer nos maladies de leur origine sociale.

C'est de vos dernières conversations, ô Maître vénéré, que j'ai cherché à m'inspirer, lorsque j'ai écrit, peut-être un peu prématurément, un volume sur le cerveau et ses maladies. Il est des points que je voudrais aujourd'hui pouvoir compléter ; il en est d'autres qui me paraissent avoir suffisamment résisté à l'épreuve du temps, surtout en ce qui concerne les maladies de l'activité.

Le 5 septembre, le grand novateur, l'émule, avons nous dit, de Saint Paul, de Mahomet, dans l'œuvre de la rédemption humaine, nous était enlevé dans sa soixantième année. Il succombait à la suite d'une dernière hémorrhagie intestinale, au milieu de sa famille adoptive éplorée et de quelques disciples alors présents à Paris. Son convoi fut modeste, quelques paroles touchantes furent prononcées sur sa tombe provisoire par M. le Docteur Robinet, son disciple et son médecin. De tous les écrivains ou publicistes du temps, un seul, M. Proudhon, fut présent à ses obsèques. Qu'il me soit permis en écrivant ces douloureuses lignes de m'acquitter d'une juste dette de reconnaissance envers la mémoire de l'humble prolétaire qui lui consacra sa vie, l'entoura, elle et son mari, des soins les plus dévoués. C'était de ses trois anges la seule survivante.

Votre santé, quoique délicate, ô Maître vénéré, s'était affermie, les mauvais jours étaient passés, le subside sacerdotal, institué pour assurer votre existence, s'élevait à un chiffre suffisant. Vous croyiez pouvoir compter sur la longévité de Voltaire, quand la mort est venue vous arracher à votre mission. Vous vouliez vivre pour le troupeau, qui, disiez-vous, avait encore besoin de son berger. Vous laissiez un testament dont l'exécution fut confiée à treize de vos disciples. Le plus ancien d'entre eux devait présider à leurs opérations sans voix prépondérante.

Ce testament indiquait ce qui devait être fait par vos exécuteurs testamentaires : d'abord, à l'égard d'une veuve qualifiée d'indigne épouse, à qui il avait été reconnu, dans un funeste mariage, un apport fictif, de vingt mille francs ; ensuite, relativement à la conservation du domicile sacré, et à la destination à donner à ce qu'il contiendrait au moment du décès, en meubles, livres, correspondance, etc. ; enfin pour la constitution à donner à la famille positiviste, en vue de l'extension de la doctrine.

Ce testament fut-il exécuté conformément aux vues du testateur, ou fut-il seulement compris ?

L'exécution qu'il reçut ne semble pas le prouver.

Suivant votre principe : l'homme doit nourrir la femme, vous aviez affecté, Maître vénéré, une pension viagère à l'indigne épouse. Au testament vous aviez annexé une note secrète destinée à contenir ses agissements, si elle élevait des prétentions jusqu'à user des droits que lui donnait son contrat de mariage.

La simple prudence exigeait que la note secrète ne fût point décachetée, avant qu'on connût les intentions de la veuve. Il était même convenable qu'on lui en laissât ignorer l'existence. Il n'en fut rien. Quelque indigne que fût la malheureuse femme, son amour-propre fut révolté. Elle fit procéder à la vente de tout ce qui constituait le mobilier et des divers objets appartenant à la succession, pour entrer dans son apport fictif. Le dévouement de la famille positiviste fut admirable en cette occasion. Avec le généreux concours d'un noble disciple de la dernière heure, tout, ou à peu près tout, fut racheté et le domicile sacré préservé d'un démembrement. Restaient les papiers, la correspondance générale et autres écrits qui furent déposés chez un notaire. La correspondance du Maître et de sa sainte compagne fut mise en lieu sûr.

Dans votre désir d'assurer la continuité de votre œuvre, vous aviez par trois fois jeté les yeux autour de vous pour trouver un successeur. Ils ne se sont arrêtés sur aucun de vos disciples. Vous n'avez trouvé parmi eux personne qui vous parut digne d'une semblable succession. Après une étude plus approfondie des aptitudes de chacun vous avez renoncé à faire un choix. Renonçant donc à trouver un successeur, vous avez déclaré votre succession vacante, l'absence de successeur vous paraissant moins dangereuse qu'un successeur insuffisant. Pour s'asseoir sur le siège que vous pouviez laisser inoccupé, il fallait plus qu'une large intelligence, plus qu'une instruction s'étendant à l'ensemble des connaissances humaines. Un grand prêtre de l'Humanité pouvait-il ne pas être aussi doué d'une exceptionnelle sentimentalité et d'une énergie à tout épreuve. Ainsi l'exigeait une situation qui pouvait s'aggraver à tout instant. Quoique cet ensemble de conditions ne fût réalisable chez aucun de ceux qui vous entouraient, il fallait cependant empêcher la dispersion, dont allait être menacé le noyau que vous aviez si péniblement réuni autour de vous.

A cet effet vous aviez maintenu la société positiviste, en lui continuant sa destination primitive, toute politique. Elle était appelée à fournir aux gouvernants et aux gouvernés des conseils et des solutions à toutes les questions pendantes. Vous lui avez donné pour président un prolétaire, dont la haute moralité et la vaillance, dont il avait fait preuve en des temps difficiles, vous étaient suffisamment connues. En désignant un prolétaire pour remplir cet office délicat, c'était, nous avez-vous dit, pour neutraliser l'action de tout pédant, c'est l'expression dont vous vous êtes servi, qui aurait pu s'imposer. Vous laissiez la propagande religieuse de votre œuvre aux libres efforts de vos disciples. Parmi eux vous aviez désigné un certain nombre que vous croyiez aptes à aspirer au sacerdoce.

Un funeste entraînement vint neutraliser, compromettre même, vos dispositions testamentaires. Le besoin d'une direction qu'on avait exagéré, jeta vos disciples dans les bras de celui qu'il eut surtout fallu écarter, après le jugement si motivé, que vous aviez porté sur son compte. Sa qualité de président des exécuteurs testamentaires et son instruction supérieure à celle de son entourage, firent méconnaître les sages dispositions d'un testament que bien peu, il est vrai, avaient lu. Son dévouement à votre personne pouvait-il lui mériter un tel honneur ? Pendant la cruelle maladie qui avait éveillé toutes les sollicitudes, raproché tous ceux qui en redoutaient l'issue, il se tint éloigné de Paris. Ce ne fut que quelques semaines après la catastrophe finale, qu'il se décida à y revenir, pressé par les obsessions de ses collègues. Ce fut un autre que lui qui conduisit le deuil, qui prononça sur votre tombe provisoire quelques paroles d'adieu, interprête en cette occasion de la douleur commune. Ce fut encore le même disciple, qui, au jour fixé par le testament, réunit ses confrères, loin de votre appartement, dont l'indigne veuve leur avait interdit l'accès, et qui présida avec des paroles émues à la funèbre cérémonie prescrite par vos dernières recommandations. M. Laffitte à son tardif retour à Paris fut néammoins érigé en directeur provisoire du Positivisme. Un malentendu consacrait, en quelque sorte, cette élévation, dont on eut bientôt l'occasion de reconnaître les dangers. La haute sentimentalité du maître, le caractère tout religieux qui avait présidé à son action, dont chacun était encore pénétré, malgré la diversité des natures, tout cela s'effaça bientôt. Pour raffermir les convictions et élever les cœurs on eut un professeur sec et railleur, qui eut bien vite entraîné son entourage en une déviation intellectuelle. Tout en proclamant la nécessité d'une religion, étant donnée sa nature, pouvait-il en comprendre les grandes aspirations ? Tant d'éléments d'origine et de nature si diverses, que votre puissante prépondérance, Vénéré Maître, avait tenus rapprochés, dans cette absence de direction, pouvaient-ils rester longtemps unis ?

La dictature impériale avait contenu toute activité civique ; la société positiviste était donc restée sans destination. N'était-ce point une raison pour donner toute l'extension qu'elle comportait à la propagande religieuse, si le chef qu'on s'était donné, avait été pénétré d'un autre esprit ? En de pareilles conditions, on pouvait sans doute accuser le président que vous aviez donné à la société positiviste de n'avoir pas réagi contre les tendances du prétendu directeur du Positivisme. Il fut, en effet, bientôt annulé par sa faconde. M. Magnin, par l'élévation de son esprit, par la sentimentalité, qu'on retrouve dans ses quelques productions, était une des rares natures vraiment sacerdotales qui existaient dans votre entourage. Egaré par sa vénération pour un homme qui n'en était pas digne, il méconnut en diverses occasions ce qu'on pouvait attendre de lui ; ce fut aussi le tort de plusieurs. Puis-je, ô Maître, ne pas ici rappeler la mémoire de l'un de vos premiers et de vos meilleurs disciples, M. de Constant Rébecque. Avec de nobles amis il soutint votre existence, lorsque la persécution académique croyait vous avoir réduit par la faim. M. de Constant avait eu comme marin une existence des plus agitées. A sa retraite il comprit toute la grandeur de la nouvelle doctrine et se consacra à sa manière à sa vulgarisation. Quelques années avant sa fin prématurée, il nous avait donné une appréciation positiviste de l'Imitation, où sa belle nature, un peu mystique, s'accusait si bien. L'œuvre de ce moine, aussi énergique que tendre, disiez-vous de l'immortel auteur, était devenue pour lui, comme pour vous, une lecture quotidienne. Avec M. Magnin c'était peut-être les deux natures vraiment sacerdotales que possédait le Positivisme. Il est à remarquer que c'est chez deux praticiens que la sentimentalité de la nouvelle doctrine se trouva le mieux conservée. Autour de vous se trouvaient aussi quelques dignes prolétaires. Privés de l'instruction que réclamait la lecture de votre œuvre, ils en avaient accepté avec confiance les grands enseignements. Il y avait peu à faire pour les maintenir dans vos grandes traditions. M. Laffitte les égara dans sa déviation intellectuelle. Après avoir détruit chez eux, comme on l'a dit, l'ardeur révolutionnaire, il les laissa flottants et souvent écœurés, dans un aride enseignement, qui ne pouvait convenir ni à leur esprit ni à leur cœur. On peut le dire, il dessécha tout autour de lui.

Après nos désastres le Positivisme avait plus que jamais mission d'éclairer la situation. Un parlementarisme dissolvant venait de surgir ; nous étions lancés dans une voie dont on pouvait prévoir l'issue. Il y avait certes des conseils à donner ; ils auraient pu alors être écoutés. La société positiviste instituée à cet effet avait par le fait disparu ; M. Laffite s'était substitué à son président. On ne croyait pas cependant autour de lui qu'il fallût assister impassible à la marche des évènements. Pour suppléer à l'inaction de celui de qui l'on avait tant attendu, une revue fut fondée ; vous nous aviez interdit, vénéré Maître, ce mode de publicité. En raison de la gravité de la situation et de l'inaction d'un prétendu directeur on passa outre. Cette revue n'eut qu'une durée éphémère ; néanmoins elle eut des lecteurs et ne resta pas sans une certaine influence sur ceux qui commençaient à voir les conséquences du régime qui nous était imposé. Une pleine séparation entre le spirituel et le temporel, c'était ce qu'elle poursuivait principalement.

Peu disposé par sa nature à la propagande religieuse, M. Laffitte ne songea qu'à organiser l'enseignement. Une pareille tentative de sa part eut été prématurée, même s'il avait eu autour de lui des professeurs capables de parcourir toute la hiérarchie scientifique. Sans tenir compte du danger du morcellement qu'il y avait introduit, il en dépeça la matière d'une scandaleuse manière. On fit des cours d'Arithmétique dans les lieux où avait retenti la parole du maître. M. Laffitte pouvait former des instituteurs, mais non des apôtres, ne l'étant pas lui-même. Il y avait cependant autour de lui des natures qui déploraient, quoique confusément, la déviation mentale, à laquelle on les entrainait. Ils crurent pouvoir ramener aux saines traditions en demandant l'institution d'un culte public. En Angleterre on était depuis longtemps entré dans cette voie. O Maître vénéré, permettez moi de rappeler votre manière de voir à cet égard.

Après la crise dictatoriale de 1851, lorsque vous redoutiez la fermeture de la société positiviste, votre disciple, qui n'écoutait que les élans de son cœur, vous proposa de donner un caractère cultuel à nos réunions hebdomadaires. C'était, par le fait, un culte public qu'il vous demandait d'instituer. Un culte public, lui avez-vous répondu, exige des formules et implique surtout que chacun ait institué son culte privé. Sans cette dernière condition le culte public ne peut, conformément à sa destination, éveiller aucun sentiment, et doit dégénérer en déclamation. Vous me permettrez de reproduire ici ce que vous avez déclaré plus explicitement en votre catéchisme, écrit quelques années après.

« C'est surtout la pratique assidue du culte privé qui distingua finalement les vrais positivistes d'avec les faux frères dont nous allons être encombrés aussitôt que la vraie religion prévaudra. Sans un tel signe une facile hypocrisie usurperait bientôt la considération due aux adorateurs sincères de l'Humanité. » En demandant plus tard le Panthéon, on a pu penser que vous étiez revenu d'une première déclaration. Voici, vénéré Maître, ce que se permit de vous demander en cette occasion votre disciple : en quoi peut consister le culte que vous vous proposez d'y instituer ? Je puis déjà, lui avez-vous répondu, inaugurer la commémoration des grands types du calendrier concret, en affectant chaque dimanche au personnage correspondant, et vous avez ajouté, jusqu'à ce jour une pareille entreprise ne peut être réalisée que par moi.

En terminant votre œuvre de seconde vie, la Politique positive, vous avez indiqué plusieurs fêtes qui pourraient être déjà célébrées dès à présent à des époques déterminées. On a argué de cela que vous étiez disposé à instituer par là le culte public. Si dans tout culte public on célèbre certaines fêtes à l'occasion de tel ou tel événement, une fête, ou mieux des fêtes, ne sauraient à elles seules constituer un culte. Pour répondre à certains vœux, qui devenaient de plus en plus pressants, j'engageai M. Laffitte à entreprendre, rue Monsieur Le Prince, au domicile sacré, ce que vous vous proposiez de faire vous-même au Panthéon. Il nous donna à cet effet, un certain nombre de conférences pleines d'intérêt sur les principaux grands types du calendrier concret ; mais elles manquèrent le but, en ne correspondant pas à leur place dans votre système de commémoration ; ce furent de fort intéressantes expositions historiques, qui furent en grande partie recueillies par un nouveau disciple. La nature de M. Laffitte n'ayant rien de religieux il ne pouvait en être autrement.

Plus tard quand sur différents points, surtout à l'étranger, on me parut insister sur la nécessité de constituer le culte public, tant désiré, je fis paraître à cet effet un opuscule, *Le temple de l'Humanité*, destiné à montrer combien un pareil culte, tel qu'il sera, selon moi, célébré dans un avenir plus ou moins éloigné, pouvait différer de toutes les tentatives qui avaient pu être faites. Mon opuscule fut écrit d'après ma correspondance et mes conversations avec le Maître sur ce sujet. Je dois le dire, il fut à peine lu. Les impatients se trouvaient sans doute trop en désaccord avec moi sur les idées qu'ils s'étaient faites concernant la cérémonie destinée à réunir tous les fidèles le dimanche matin dans les temples de l'Humanité. Parmi les grands types du calendrier concret dont le Maître avait lui-même fixé la place dans les temples futurs, il eut été étrange que le fondateur de la religion de l'avenir n'y figurât pas. Je me suis donc efforcé de lui assigner la place qui me parut lui convenir sur l'échelle ascensionnelle qui s'élève jusqu'à la statue de l'Humanité.

Une autre question était encore vivement agitée, c'est celle de la Vierge mère. Elle avait soulevé bien des terreurs. C'est sous une idéalisation féminine que doit toujours figurer l'Humanité dans ses temples. Une utopie, dont vos principaux disciples n'ont pas toujours compris toute l'élévation et la portée, devait la parer de ses deux attributs inséparables de tendresse et de pureté. L'utopie, telle que la conçoit désormais la nouvelle doctrine, doit avant tout respecter la réalité, dont elle n'est au fond que l'exagération. Il convenait donc de montrer, Maître vénéré, que votre exceptionnelle conception n'avait en elle rien qui ne fût admissible, en restant au point de vue scientifique. Votre disciple à qui vous fites l'honneur de la communiquer, quelques heures après l'avoir écrite, crût devoir lui consacrer aussi un opuscule, qui fut aussi peu lu que le précédent. Il s'est efforcé de montrer que l'idée d'une procréation essentiellement féminine avait cours depuis longtemps dans le domaine scientifique.

Au même titre que le mystère chrétien de l'Eucharistie, votre utopie pouvait condenser en elle l'ensemble de la religion, culte, dogme et régime. Notre grand Bossuet dans un admirable panégyrique, aux inconvenantes railleries sur le rôle de l'homme dans une constitution utopique qu'il rêvait pour l'avenir, avait répondu déjà avec toute l'autorité de sa parole. C'est à l'occasion de votre surprenante utopie, vénéré Maître, qu'on a pu, plus que jamais s'apercevoir combien différentes étaient les natures qui se trouvaient rapprochées sous la qualification de positivistes.

La déviation mentale à laquelle s'était laissé aller le prétendu directeur du Positivisme, n'était certes pas faite pour maintenir de la cohésion dans un milieu de provenances si diverses. Un procès aussi insensé qu'inconsidéré, qu'eut à soutenir l'exécution testamentaire, contînt cependant quelque temps les tendances à la dispersion qui se manifestaient partout.

De votre vivant même l'indigne épouse avait trouvé un défenseur contre vous dans l'homme que vous auriez préféré, disiez-vous, avoir plutôt pour ennemi que pour ami.

Rien dans les antécédents de la malheureuse femme ne lui était inconnu. Il savait comme tant d'autres à quoi s'en tenir sur son extraction et sur votre magnanimité à son égard. Assistée de son souteneur, M. Littré, l'indigne épouse réclamait en sa qualité de veuve les papiers qu'un jugement antérieur avait fait déposer chez un notaire. Le testament, comme la pièce secrète qui lui était annexée, et comme d'ailleurs l'œuvre toute entière de seconde vie, étaient présentés comme des actes d'insanité. Les juges en première instance ne pensèrent pas ainsi et les papiers revendiqués restèrent entre les mains des exécuteurs testamentaires. En tout autre temps M. Littré eût perdu toute considération auprès de la corporation à laquelle il appartenait. Ce scandaleux procès fut le dernier acte qui réunit l'ensemble des positivistes. Leur accord en cela fut admirable. Il ne les préserva pas cependant d'une dislocation dont les germes existaient déjà depuis longtemps parmi eux en raison de la diversité de leur nature.

La situation politique s'aggravant de plus en plus M. Laffitte fut sommé de sortir de son inaction. Toujours dominé par son idée de fonder l'enseignement, et profitant d'une nouvelle disposition législative, il songea sérieusement à nous doter d'une Université positiviste. Elle eut pu distribuer des diplômes. C'était l'oubli de toutes les traditions. Les protestations de deux positivistes, l'un en Angleterre, l'autre à Paris, suscitèrent d'abord un soulèvement général. Mais aussi mal conçues que mal dirigées, ces protestations n'aboutirent au fond qu'à jeter la désunion partout. M. Laffitte en eut facilement raison. En l'état il eut suffi de se dégager de toute dépendance religieuse à son égard et de laisser au temps le soin de ramener à l'exécution testamentaire qu'on avait dès le début méconnue. C'est le conseil que se permit de donner votre disciple. Avec sa rare habileté, M. Laffitte eut bientôt triomphé des résistances, en opposant les uns aux autres. Dans une réunion générale provoquée par lui, il demanda qu'on voulut bien lui donner du temps avant de le juger définitivement, qu'on le prît à l'essai pendant deux ans encore. Quoique son insuffisance fut partout proclamée, sous prétexte de conserver une unité, qui n'existait plus depuis longtemps, on lui concéda ce qu'il demandait ; on eut ainsi un directeur à l'essai,

Une scission fut néanmoins la conséquence d'un tel arrangement. Le plus grand nombre resta autour de M. Laffitte ; d'autres moins satisfaits se séparèrent de lui. La famille positiviste fut ainsi irrévocablement divisée. De gros mots furent échangés entre ceux qu'avait unis une mutuelle considération et peut-être même une certaine affection. On oublia qu'on avait eu le même maître. Votre disciple pouvait-il oublier en cette occasion l'un de vos derniers entretiens. Il est facile, lui disiez-vous, avec une doctrine qui a réponse à tout, d'obtenir des triomphes flatteurs ; mais par cela même, elle présente des dangers contre lesquels il faut se prémunir, surtout quand le sentiment social ne vient pas contenir certaines dispositions, si communes de nos jours. Ces dispositions sont inhérentes aux natures, même les plus élevées. Pour ces dernières, elles constituent de puissants stimulants ; pour les autres ce sont des infirmités. Ce sont là vos propres paroles.

Vous étiez en vos derniers jours, vénéré Maître, tout préoccupé de l'idée de fonder un salon positiviste sous la présidence de quelque digne femme. L'influence féminine aurait pu en s'y exerçant contenir bien des déviations surtout morales. A la surexcitation vaniteuse dont vous signaliez les inconvénients sinon les dangers, il fallait une autorité supérieure pour la contenir. Après vous cette autorité a manqué, et manque encore de nos jours. Elle seule pouvait tenir réunis des éléments chez lesquels la bonne volonté n'a pas toujours fait défaut. La diversité des natures rapprochées constituait à elle seule en son absence un danger permanent de dispersion. La haute sentimentalité du maître n'avait pas été toujours goûtée. Combien n'éprouvèrent que de l'étonnement, pour ne rien dire de plus, quand dans ses prières on eut lu les effusions de son cœur. La sagacité féminine ne se méprit pas sur les vrais motifs de nos divisions. Ce qui m'étonne le plus, me disait une digne dame, en constatant la diversité des natures rapprochées jusqu'ici, c'est qu'elles ne se soient pas séparées plus tôt.

Quoi qu'il en soit, après ce qu'il considéra comme un triomphe, M. Laffitte voulut profiter du délai qu'il a obtenu. La matière positiviste est plus que jamais dépécée. Ce sont des cours de toutes sortes qu'on organise. On parle de fêtes à célébrer. Pour montrer qu'on n'est pas réfractaire à l'institution d'un culte public, les prières de M. Lonchampt sont rééditées.

Cette recrudescence d'activité a cependant un terme. Un certain refroidissement s'introduit partout. Les cours de M. Laffite persistent seuls, en prenant toutefois un caractère de plus en plus académique. Ses sympathies pour le monde universitaire, se dessinent sans vergogne. Ceux qui, au nom de la liberté spirituelle, demandent la suppression du budget des corps enseignants ou savants, sont invités à s'instruire auparavant. On leur répond, en parodiant une sentence fameuse : on ne détruit que ce qu'on remplace. Montrez vous aptes à remplacer ceux dont vous demandez l'élimination. Il faut reconnaître cependant, à la louange de quelques uns, que tous n'étaient pas disposés à s'enrôler sous la bannière du grand Maître de l'Université. M. Laffitte par ses conversations captieuses s'était fait des amis dans ce monde, en attendant qu'il en fit officiellement partie. On lui concéda bientôt une salle où sous le patronage académique il put continuer ses cours.

Mon vénéré Maître, de graves évènements se sont succédé depuis que vous nous avez été enlevé. Vous avez essayé à plusieurs reprises, surtout dans votre *Appel aux conservateurs*, d'éclairer la dictature que les désordres parlementaires d'un autre temps avaient fait surgir, Vos conseils n'ont pas été entendus. Débordé bientôt par l'opinion, cette dictature, à la fois rétrograde et militaire, a cherché à échapper à son contrôle en se jetant en des aventures extérieures. Elle a fini par armer l'Europe contre elle ; sans y être préparée elle s'est jetée dans une dernière équipée, dont les conséquences ont été la perte de deux de nos anciennes provinces et la formation sur nos frontières d'un vaste empire militaire. Un tel empire pour se maintenir contre les tendances pacifiques des populations, qui commencent à revenir d'un premier entraînement, est réduit chaque année à faire naître de nouvelles complications au dehors.

C'est lorsque la défense nationale réclamait un pouvoir fort qu'on a vu le pays se jeter en de nouveaux essais de parlementarisme. En grande partie composée de besogneux, la représentation nationale s'est livrée aux financiers, à ces hommes sans patrie, qui ont mis bientôt la France en coupe réglée. C'est ainsi qu'un parti n'ayant que des intérêts s'est constitué, et l'opinion restée sans direction n'a pu contenir le flot des passions anarchiques. Menacé d'un danger de submersion, le pays est aujourd'hui réduit à subir un gouvernement qui ne tire sa raison d'être que de la crainte de ce danger toujours menaçant.

C'est ici, vénéré Maître, que l'intervention de vos disciples eut été nécessaire pour éclairer l'opinion et recommander les solutions que réclame une telle situation. La société positiviste, telle que vous l'avez constituée, eut pu, comme à ses débuts, trouver une noble destination. Après l'avoir énervée par des sophismes, M. Laffitte, resté maître, l'a enfin supprimée. Le président que vous lui aviez donné, en vue de résister à la prépondérance qu'aurait pu y prendre quelque littérateur ou savant ambitieux, avait abdiqué. Malgré l'élévation de sentiment qu'il faut lui reconnaître, il a assumé auprès de la postérité une grave responsabilité.

Au milieu de l'anarchie générale, M. Laffitte a pu exploitant à sa manière la doctrine dont il s'est constitué le représentant, se faire aisément accepter des quelques hommes influents du régime que nous imposaient de tristes nécessités sociales, en flattant leurs passions. C'est ainsi que, méconnaissant toutes nos traditions, il s'est fait nommer à une chaire, dans une institution où régnaient ceux que vous avez toujours combattus et chez lesquels vous n'avez trouvé de tout temps que de pires ennemis. La trahison fut donc complète ; c'est au monde universitaire et académique que se trouve ainsi rallié celui qui se dit le continuateur d'Auguste Comte, qui dans un moment de vanité délirante avait osé se proclamer le second Grand Prêtre de l'Humanité. Après le triomphe de cet homme, que vous avez, sur votre lit de mort, si justement qualifié, qu'est-il resté du Positivisme, si ce n'est une compromettante étiquette.

Par une combinaison financière, qu'on eut pu trouver avantageuse, si elle n'eut caché une arrière pensée, M. Laffitte s'est rendu acquéreur du domicile sacré ; maison, meubles, livres, tout lui appartient désormais. A-t-il oublié que le mobilier et tout ce qui se trouve dans le pieux appartement, où nous avons tous laissé tant de souvenirs, ont été rachetés par l'argent des disciples accourus de toutes parts, lors de la vente qu'ordonna une indigne veuve. A qui en appeler de la prévarication ? Poursuivant son but de rester maitre en toutes choses, M. Laffitte a déclaré, peu de temps après l'achat du domicile, l'exécution testamentaire close. Toutes les prescriptions du testament n'ont-elles pas été remplies, a-t-il dit ? Il avait encore oublié qu'une haute mission reste toujours conférée aux exécuteurs testamentaires, auxquels incombe le devoir de remettre au successeur du pontife de l'Humanité, quand il s'en présentera un dûment accepté de tous, les legs que lui assigne le testament et de procéder à son installation dans le domicile sacré. M. Laffitte avait un moyen de se soustraire à tout reproche, en se déclarant lui-même Grand Prêtre de l'Humanité, comme il l'avait tenté à une autre époque ! Le professeur du Collège de France a-t-il reculé devant cette solution ? Il est vrai que c'est des exécuteurs testamentaires qu'il devait tenir son investiture. Ceux-ci auraient pu le déclarer déchu pour cause d'indignité. Ils ne l'ont pas osé et M. Laffitte est resté encore triomphant, appuyé sur ceux qui n'ont vu dans le Positivisme qu'un aliment même à leur vanité et à leur cupidité. En me laissant aller à ces tristes réflexions, je me vois réduit à rappeler que parmi ceux qui protestent aujourd'hui contre l'omnipotence de M. Laffitte et sa prévarication, il s'en trouve qui l'ont énergiquement soutenu de leur influence lorsqu'il se vit forcé à demander qu'on le prît à l'essai. Ont-ils protesté quand à la même époque M. Laffitte dans un sentiment de haine fit effacer des archives de la société positiviste certains noms qui y avaient été inscrits par la main vénérée du maître lui-même ?

Un juste châtiment vient d'être infligé à cet homme qui a tout oublié. S'il conserve encore quelque respect pour la mémoire de son maître, il a dû être cruellement éprouvé naguère. C'est du monde académique, dont il fait maintenant partie, qu'est venue dernièrement la plus injurieuse attaque dont aient été souillées sa vie et celle de sa sainte compagne. Sa position officielle n'a pu lui permettre d'y répondre. C'est par un de ses modestes partisans qu'il a fait signer une froide protestation où l'on eut pu chercher vainement quelque marque d'indignation.

La déviation intellectuelle, à laquelle, vénéré Maître, fut entraîné le Positivisme lui a fait perdre aux yeux du grand public tout caractère religieux. Pouvait-il en être autrement ? Une pareille déviation ne pouvait avoir que de funestes conséquences. Différents groupes se sont formés, où le manque de direction a laissé prévaloir bien des ambitions. Des tentatives de culte public ont été faites en des milieux encore peu préparés, où la pratique du culte privé n'existait pas pour pousser aux effusions sentimentales. Notre malheureux pays, manquant à sa mission, tout devint possible ailleurs. Dans une intention, peut-être excellente, quoique aveugle, on a voulu nous imposer les mœurs de l'avenir. Si le Positivisme a dû naître en France, où un certain degré d'émancipation était nécessaire à son éclosion, c'est en Espagne, en Italie, avez-vous dit, qu'il recevra son plein essor. Les retards de ces deux éléments de la famille occidentale ne sauraient en rien infirmer votre juste appréciation. La réalité synthétique et la sentimentalité cathoque, tels sont les caractères essentiels de la vraie positivité. Ce n'est qu'exceptionnellement que ces deux caractères peuvent se trouver réunis, dans un pays où le doute, suivant l'expression de Diderot, s'imposait en quelque sorte pour dissoudre un excès de théologisme et préparer les éléments de la science de l'homme.

L'épanouissement du Positivisme reste naturellement inséparable d'une certaine culture esthétique. La synthèse subjective qui se résume, en quelque sorte, dans l'incorporation du Fétichisme au Positivisme et qui se prête si largement à une pareille culture, à la fois poétique et musicale, peut-elle être mieux goûtée que dans le pays illustré par Dante, Michel-Ange et tant d'autres. Nous avons écrêmé, avez-vous dit, vénéré Maître, dans un langage imagé, le milieu révolutionnaire. Plus d'une génération s'est écoulée depuis que vous avez prononcé ces mémorables paroles et rien depuis n'est venu les infirmer. Le monde catholique n'a pas mieux goûté la nouvelle doctrine. Votre disciple ne croit pas moins que c'est de là que partira le grand ébranlement qu'attend l'Occident tout entier. Les évènements auxquels nous assistons, dira-t-on, ne semblent guère favorables à la réalisation de telles espérances : Maître vénéré, ils n'ont en rien diminué ma foi en vos paroles.

Ce funeste parlementarisme, que nous subissons, n'a pas eu seulement pour effet de livrer le pays aux hommes d'affaires ; il a aussi porté un coup fatal au catholicisme lui-même, qu'il a détourné de ses voies. Un pontife chez lequel on ne retrouve ni les ardeurs, ni les aspirations des grands siècles, a fait descendre son clergé dans l'arène politique. Les divisions des partis, qui se disputent le pouvoir, lui ont laissé croire à la possibilité de se constituer une majorité dans une assemblée toujours fluctuante et contenir ainsi le flot toujours montant par des lois restrictives. Il y avait quelque dignité dans le *non possumus* de son prédécesseur et une meilleure intelligence des choses et des hommes. La politique équivoque, je n'ose dire astucieuse, du nouveau pontife, a eu pour effet de discréditer davantage son clergé auprès des masses. Elle ne pouvait qu'affliger les honnêtes natures, surtout féminines, dont se compose encore le monde catholique. Pouvaient-elles voir sans une profonde tristesse leurs églises transformées en arènes électorales, les prêtres devenus dans leurs chaires des agents politiques exposés aux insultes de la tourbe ameutée contre eux ? Elles attendaient sans doute tout autre chose des représentants de la foi de leurs pères. Vous avez osé dire, mon vénéré Maître, dans votre inépuisable magnanimité, à ceux qui ont une foi quelconque ; unissons-nous contre l'ennemi commun, contre ceux qui sont sans croyance, qui sont incapables de s'élever à l'intelligence des conditions premières de toute stabilité sociale et morale.

Votre projet de ligue religieuse n'aura été que prématuré, j'aime à le dire. Il a été considéré par votre plus ancien disciple comme une simple vue de l'esprit, sur laquelle son attention s'est à peine arrêtée. Lorsqu'une dictature, à la fois conservatrice et progressive, nous aura affranchis d'un parlementarisme dissolvant, on sentira sans doute la nécessité d'instituer définitivement la liberté spirituelle, pour assurer la libre discusion et la soustraire aux exigences, souvent contradictoires, des partis et à leurs compétitions. Ainsi tomberont les divers budgets théoriques et théologiques. Si le Positivisme ne peut défendre de vieilles croyances, désormais épuisées, elle pourra toujours défendre l'existence des divers sacerdoces qui s'y rattachent, et cela au nom de leur utilité sociale. Ne pouvant lutter contre les dissolvants révolutionnaires, ils accepteront l'alliance de la seule doctrine qui peut consacrer leur existence, alors affectée à conserver aux attardés la culture morale qui convient à leur état mental. En ces nouvelles conditions, mon vénéré Maître, se réalisereront vos espérances de voir s'effectuer l'union des disciplinés contre ceux qui ont toujours repoussé toute discipline.

Il est dans le monde catholique des natures assez élevées de sentiment, et suffisamment émancipées, qui comprennent l'impuissance de tout dogme théologique à résoudre tant de grandes questions pendantes. Un besoin d'ordre les rattache encore à la seule doctrine qui ait pu sauvegarder des institutions fondamentales, basées sur une étude séculaire, quoique empirique, du cœur humain, et auxquelles les anciennes croyances servent toujours de consécrations. L'excès d'anarchie les disposera sans nul doute à chercher d'autres voies, surtout lorsque la fallacieuse protection qu'elles ont trouvée dans un gouvernement sans consistance viendra à leur manquer. Le Positivisme trouvera alors chez elles la sentimenlité que réclame son extension, ce qu'il a vainement cherché jusqu'ici dans le monde révolutionnaire.

Votre disciple, s'inspirant de vos espérances, a fait des efforts, restés sans résultat, pour constituer, à défaut de la ligue religieuse projetée par vous, une ligue en faveur de la liberté spirituelle. Il s'est, à cet effet, adressé à tout ce qui restait encore des anciens libéraux et aux représentants les plus autorisés de la vieille doctrine de nos pères. Il a montré à ces derniers les avantages qui résulteraient pour eux, autant dans l'intérêt de leur dignité que de leur indépendance, d'une dénonciation volontaire du pacte qui les lie à l'état. Une telle initiative leur eut procuré auprès de tous un surcroît de considération, qui les eut autorisés à exiger, au nom de la vraie liberté, la suppression des budgets affectés aux deux foyers officiels d'anarchie, l'Université de France et l'Académie des sciences. A cette ligue en faveur de la liberté spirituelle pourraient, ai-je dit, s'associer tous les vrais émancipés, à quelque nuance républicaine qu'ils appartinssent.

Est-ce vainement, vénéré Maître, que vous avez à cet effet compté sur le concours de la puissante compagnie, qui a arrêté, jusqu'à ce jour, la dispersion des églises nationales? Autant que tous les partis, sinon davantage, elle a besoin de la liberté spirituelle. Le relèvement de la dignité du sacerdoce la réclame plus que jamais. Les évêques concordataires, issus d'un régime, qui avant tout a cherché à s'assurer de leur concours, ont perdu tout crédit auprès de leurs ouailles et du clergé régulier. La suppression du budget théologique ne peut donc trouver aucune opposition de ce côté. Elle devra déterminer une profonde modification dans la constitution et la direction catholique, qui ne peut écheoir qu'à la puissante compagnie.

La ligue religieuse que vous avez projetée, vénéré Maître, ne peut être au fond que la ligue de la nécessité sociale. Le débordement de l'anarchie le fera sentir de plus en plus. Elle s'imposera donc un jour, comme toutes les choses qui arrivent en leur temps, quelque chimérique qu'elle ait pu paraître encore à la plupart de vos disciples et surtout à celui qu'un funeste entraînement a placé à leur tête.

La société positiviste telle que vous l'avez laissée, vénéré Maître, aurait eu certes une belle mission à remplir. Votre disciple a cherché vainement à la relever. Indépendamment de l'influence qu'elle pourrait exercer à l'intérieur, elle serait aussi appelée à travailler à la pacification de l'occident, en éclairant la situation. Le vaste empire qu'on a laissé se constituer sur nos frontières, ne peut se maintenir longtemps au milieu de populations, où les mœurs militaires n'existent que dans une aristocratie besogneuse, dont les chefs sont réduits à faire naître chaque année de nouvelles craintes de conflit. Une solution se présente naturellement pour amener un apaisement général ; elle consiste dans la neutralisation des provinces annexées. Cette solution ne semble-t-elle pas s'imposer, en quelque sorte, quand on songe, conformément à une théorie historique, que tous les grands états occidentaux, constitués en des vues defensives, se démembreront un jour, sans excepter la France, lorsqu'un nouveau lien spirituel se sera substitué à celui, qui, pendant si longtemps, a tenu rapprochés les divers éléments de la vieille famille chrétienne. Votre disciple, dans un appel spécial à la fraternité occidentale, a pu juger combien la solution recommandée par lui répondait aux espérances communes, par l'accueil favorable qui lui a été fait, surtout en Russie et dans l'Allemagne catholique. Une campagne continuée dans ce sens ne triompherait-elle pas à la longue des résistances qu'une telle solution ne trouve plus que dans une noblesse militaire, qui a perdu toute notion de la solidarité occidentale ?

La situation extérieure, par les préoccupations qu'elle entretient et par les armements auxquels elle nous condamne, ne peut manquer de détourner l'esprit public de la solution de tant de questions éternellement pendantes et d'encourager les prétentions des docteurs anarchiques, qu'aucune doctrine organique ne saurait encore contenir.

Combien vos disciples, en de semblables conditions, devraient redoubler de zèle. Leurs divisions, vu la complexité à laquelle se sont élevés les phénomènes sociaux, privent l'occident des conseils qui ne peuvent émaner que de la seule doctrine qui ait qualité de nos jours pour parler au nom du passé et de l'avenir, c'est-à-dire au nom de l'Humanité, dont les enseignements sont de plus en plus méconnus. O Maître vénéré, si vous avez tracé la voie, nous pouvons dire que nous vivons dans l'attente de l'homme d'état qui nous y engagera. Votre doctrine, malgré les désaccords qui existent entre des propagateurs conscients ou inconcients, a pénétré partout, à un titre quelconque. Une puissante personnalité politique surgissant, en aurait facilement fait accepter les applications immédiates. Ses grands enseignements moraux ou intellectuels seraient bien vite goûtés de toutes les belles âmes, dans un milieu qui souffre de plus en plus de leur absence.

En ce jour, mémorable entre tous, qui ne s'est senti pénétré de reconnaissance et d'admiration pour l'immortel novateur, l'émule des plus grands, s'il a su s'élever à la hauteur de son œuvre incomparable, en atteindre les sommités, en goûter l'ineffable sentimentalité. C'est le passé tout entier qui s'y condense, c'est l'avenir qui s'y révèle. Toute la mentalité humaine s'y trouve renouvelée, l'amour pour elle, comme aux premiers jours de la vie, a pu étendre son empire à l'universalité des êtres. O Maître vénéré, en déposant aujourd'hui à vos pieds mon tribut de gratitude à votre image sacrée, puis-je oublier qu'il en est d'autres qui s'y rattachent inséparablement. Votre âme souvent brisée par des déceptions et l'ingratitude, a pu sous une sainte inspiratrice revenir aux aspirations de ses jeunes années et s'élever à des hauteurs, qu'elle n'eut point atteintes peut-être si elle n'eut senti le souffle vivifiant d'un saint amour. La postérité, qui saura comme le passé et mieux que le présent, reconnaître et apprécier la part du sentiment dans l'éclosion de la pensée, pourra-t-elle ne pas unir vos deux images dans une commune reconnaissance ? A cet ange tant aimé elle en associera deux autres, celle qui vous transmit son cœur maternel et la modeste prolétaire qui vous entoura jusqu'au dernier moment de son active sollicitude.

Qu'en ce jour solennel votre disciple aimé, devenu vieux, trouve de nouvelles forces pour consacrer à la sainte mission qu'il accepta de vous, les quelques jours qu'il peut avoir encore à vivre. Les années n'ont point attiédi son cœur. Peut-il ambitionner d'autre récompense que celle d'obtenir qu'on se souvienne qu'il fut pour vous un disciple fidèle autant que soumis, qui n'eut d'autre désir que de marcher sous votre vivifiante inspiration dans les voies ouvertes par vous aux générations avenir.

Sauveterre-de-Guyenne. — Imp. Henri Larrieu

www.ingramcontent.com/pod-product-compliance
Ingram Content Group UK Ltd.
Pitfield, Milton Keynes, MK11 3LW, UK
UKHW020458230726
13925UKWH00005B/2011

9 782014 051773